T0142536

feeling e feio

trinta zero,

EDITORA TRINTA ZERO NOVE

"A tradução não se cinge apenas a palavras:
é uma questão de tornar inteligível uma cultura inteira."

Anthony Burgess

EDITORA TRINTA ZERO NOVE

Título **feeling e feio**

Título original **feeling and ugly**

Autora **Danai Mupotsa**

Tradução **Sandra Tamele**

Revisão **Editora Trinta Zero Nove**

Capa e Projecto Gráfico **Editora Trinta Zero Nove**

Paginação **Editora Trinta Zero Nove**

Impressão **Editora Trinta Zero Nove**

ISBN: 978-989-9022-00-3

Depósito Legal DL/BNM/556/2020

Registo 10240/RLINICC/2020

Av. Amílcar Cabral, n°1042

Maputo Moçambique

contacto@editoratrintazeronove.org

www.editoratrintazeronove.org

 @editoratrintazeronove

feeling e feio

danai mupotsa

tradução de sandra tamele

Poesia | (uni)versos 02

Agradecimentos

Meu pai e eu almoçámos juntos no outro dia. Enquanto falávamos e ríamos (porque quando estamos juntos e falamos, rio-me tão profundamente como se estivesse com alguém que me entendesse para além da linguagem) subitamente senti-me invadida por aquela sensação que vem quando se está num bom caminho. Quando penso em mim e no meu pai, e na nossa relação, normalmente lembro-me de como não conseguimos deixar algo passar até sentirmos que o outro nos ouviu completamente. Chamamos um ao outro de teimoso. Durante este almoço, fiquei impressionada com como a minha relação com o meu pai me cura a alma nesta vida.

Então o meu primeiro agradecimento é extenso ao Isaac, meu pai. Mesmo onde não tenhas entendido, ou concordado, nunca me obrigaste a pedir desculpas por falar. És meu professor e curandeiro na prática do amor difícil.

Eunice, Mamã, mostras-me o que significa ser durona, uma mulher complicada. És generosa e gentil. Obrigado por amares tanto os teus filhos difíceis e complicados.

Mudiwa, a alma mais doce do mundo.

Chenai, que traz tanta luz para todos nós.

Nyamikha, minha filha favorita e única que tem fogo na pele e poemas no coração.

Em 2010 ou 2011, ou talvez até em 2012, Sarah Godsell convidou-me para participar num painel como 'perita em género'. Thandokuhle Mngqibisa actuou e eu senti a proximidade avassaladora ao sentir, algo que eu tinha posto de lado há uns tempos. Chorei. Thando, estou-te tão grata pela tua coragem e trabalho. Trouxeste-me proximidade a mim própria e abriste-me uma porta que eu tinha bem fechadinha, imaginando que não tinha nem a coragem nem o sentido para viver de verdade.

Sarah, chamaste-me poeta quando eu ainda mal conseguia por duas palavras juntas. Perdoaste-me a poesia ébria de machibombo. Estou tão grata pela tua amizade. Estou-te grata pelo empenhado trabalho em prol da poesia em todo o lado, sem te fatiares aos pedaços.

Vangile, quando escutei a tua voz (mesmo quando estás ausente e estou a ler as tuas palavras na página na minha cabeça) — sinto passar o dentro para todo lado. É como se tuas palavras fossem enviadas para a terra para ajudar-me a lembrar como se respira.

Sarah, Vangi e Tanya, obrigado por me terem escolhido. E escutado.

Obrigado Quaz Roodt e SA Smythe, por escutarem a poesia em mim há tanto tempo. Obrigado GabebaBaderoon pelo mesmo. Gcobani Qambela, Elliot James e Xavier

Livermon por guardarem um lugar naquele machibombo.

Partilhei esboços desta obra com muitos amigos maravilhosos. Vosso riso e choro e comentários deram vida a esta antologia:

Natasha Himmelman, Polo Moji, Dina Ligaga, Mapule Mohulatsi, Natasha Vally, Anzio Jacobs, Zuko Zikala, Eddie Ombagi, Simamkele Dlakavu, Pumla Gqola, Elina Oinas, Zen Marie, Awino Okech, Farai Goromonzi, Miriam Maina, Sarah Chiumbu, Dorothee Kreutzfeldt, Charmika Wijesundara, Z'etoile Imma, David Kerr, Thobile Ndimande.

Amo-vos, obrigado.

Estou grata pelo espaço e abraço na Jozi House of Poetry. Profunda gratidão para Myesha Jenkins, Mthunzikazi Mbungwana, Rikky Minyuku, Khosi Xaba, Phillipaa Yaa Devilliers e Flow Wellington.

Obrigado Lynda Spencer, Sharlene Khan, Thando Njovane, Yvette Abrahams, Neelika Jayawardene, Ranka Primorac pelos nossos tempos na Af-Fems.

Obrigado Grace Musila e Hugo Canham por guardarem lugar enquanto eu partilhava esta obra no NEST. Obrigado Peace Kiguwa e Shibu Motimele pelo mesmo.

Muito obrigado a Beth Vale por organizar "Se Cona Falasse" e, Noizee Mngomezulu, Daniella Alyssa Bowler, Glow Mamii, Dinika Govender e Athambile Masola por partilharem o palco.

Obrigado a Ruksana Osman e David Hornsby por me deixarem incluir poesia na minha cátedra. Muito obrigado também para Panashe Chigumadzi e Thato Magano por publicarem Recitativo. Obrigado a Michelle Wolff pelo Syndicate Symposia.

Amor e luz para as curandeiras, minhas professoras: Lindy Dlamini, Sinethemba Makhanya, Matuba Mahlatjie, Sina Dondolo, Hashi Kenneth Tafira.

Mandaza Kandwemwa, obrigado por me veres, me cumprimentares e a tudo o que se junta dentro de mim e á minha volta.

Obrigado pela tua poesia e gentileza Dhiren Borisa.

Lidudumalingani, obrigado por te acercares e por leres tão de perto.

Estou a ficar um pouco apavorada e não consigo continuar. Há poetas e escritores importantes que me enchem de vida. Tenho amigos e familiares incríveis. Tenho colegas que abrem espaço para mim para eu levar poesia a tudo. Quero expressar a minha profunda gratidão.

Obrigado por lerem.

Leiam-me com todas as gentilezas.

Índice

feeling e feio

mwana asingachemi anofira mumbereko

filha desnaturada

meu pai uma vez disse
que não me desejava
a ninguém

ele viveu uma vida de preocupações
pelos meus professores
amigos
amores
preocupado que me conhecessem
sem aviso prévio
ou preparação

meu pai uma vez disse
que não me desejava
a ninguém

pena,

ele teima em desejar
ter podido gerar-me
abortando de mim
toda a teimosia.

menininha corre entre a multidão
dança
como se os pés fossem puxados para o céu
ri docemente

menininha brinca com as amigas
mergulha os pés na água
bate palmas com outra
faz-lhe perguntas

menininha atrai olhar
abre mais a boca
de olhar fixo perto do chão

menininha sussurra

Nunca vi alguém tão linda
estar tão feia,
disse ele.

Ele também já me chamou linda
ele achava-me simultaneamente
linda
e assustadora
e ordinária.

Então ele beijou meu rosto levemente
segurou-me a mão,
como se ela pudesse quebrá-lo
e, foi-se.

pedagogia feminista

elaine salo me ensinou a lavar calcinhas.
ela via que eu me esforçava para não dar ouvidos
as minhas tias
e minhas avós
e minhas amigas.
ela viu a tristeza
e a solidariedade delas.
ela disse lavar só á mão,
com Woolite
num domingo á tarde.
elaine salo mostrou como se faz
tal e qual minha mãe tentara.
passei a fazer de tudo
para nunca mais
usar calcinhas.
e no fundo no fundo nós nos amamos.

menininhas brincam numa roda,
roda para mãos
mãos para mãos
mãos para palmas
palmas para sorrisos
sorrisos para saltar
saltar para riso
riso para voar
voar para mariposas.

menininhas voam ás rodas,
todas para dedos
dedos para pontas
pontas para suaves
suaves para toque
toque para sedoso
sedoso para asas
asas para mariposas.

menininhas com asas,
asas para voar
voar para tocar
tocar para dedo
dedo para brincar
brincar para rodas
rodas onde elas voam
elas voam como mariposas.

Desperta com louvores pela sua mãe
que a criou
com sabedoria
de árvore familiar.

O mais interessante
na felicidade é que suas
maquinações exigem contenção da
violência.

A face da beleza
recorda-nos
abraça-nos
estima-nos
aquece-nos
o amor
contido em tão extraordinária
talvez pura e ordinária
violência.

Eu seguro rostos

fazer amor
significa
partilhar hálito
significa
esfregar corpos
significa
molhado e cheiro

Eu seguro rostos,
colecciono-os como fósseis
tão frágeis

Eu seguro rostos,
como um olhar de cima para captar todo tempo e espaço
pará-los
bainhá-los juntos
para eu poder acordar todas as manhãs a mesma

Eu seguro rostos,
como se pudesse juntar-te inteiro
da base da mão,
pelo meu pulso

até ao cimo dos meus dedos,
como se minha aura se esticasse destes dedos
pelos aquivos que guardas em teus olhos

Eu seguro rostos.

Recitativo/Para minha flha

Coisas que minha mãe me ensinou:
nunca ligar para um homem
nunca convidá-lo para encontro
é assim que testas o teu valor,
mulheres que não sabem atrair a atenção de um
bom homem,
amoroso, dedicado e carinhoso
não sabem o seu valor.

Coisas que minha mãe me mostrou:
é importante reprimir
a tua ira.
desafogá-la de formas estranhas
controlá-la com vinho
música triste
agressão passiva
fofoca
lágrimas
pelos teus filhos que
esperas amanhã de manhã
se esqueçam
de como estavas triste
ontem á noite.

Coisas que minha mãe me fez sentir sobre mim própria:
confusão
fracasso
desejo profundo de aprovação
confusão

fracasso
poder no fracasso
princípios de vida que não
são meus próprios, mas uso para me prejudicar
princípios de vida que
possivelmente não são seus próprios, mas

que principiam poderosamente
contra nós.

Formas como minha mãe me vergou:
sempre atenta só a
como eu lhe fazia a vontade
nos princípios que vergam
mulheres.

Sem nunca querer me ver de verdade.

deixando

partes de mim própria
nos meus arranhões
minhas notas
desejos e escrita

partes de mim própria
nos degraus á porta
de amados
partes iguais
amor e risco
partes iguais medo,
impressões
no rosto e mãos da minha filha,
ela é professora de compaixão

deixar-me morrer,
para que outras partes da minha alma possam ganhar vida.

cruel optimismo

a crença que o amor vai durar.
a esperança que justiça é possível.
o desejo de reconhecimento.
a vontade de acordar todos dias.

Para o bebé que abortei

Tenho saudades tuas dentro de sítios que meu corpo não
esquece
Tenho saudades tuas dentro de sítios onde meus
antepassados não me encontram
Choro-te dentro de partes da minha existência que só deus
pode tocar

Conheço a sobrevivência,
ela cheira ao teu hálito.

da pesada

sou da pesada como
sexo no banco de trás do carro do teu marido
quando tu buscas os nossos filhos na escola.
e não me sinto mal por isso.
e negarei até ao dia da minha morte.

Sorvete cremoso
delicioso.
Sorvete cremoso
Delicioso á volta da boca
E doce
Sorvete cremoso
Delicioso
Com estaladiço amolecido que
vem no fim
Delicioso.

Correria meus dedos pelas tuas costas
unindo pontos,
brincando tocando suavemente a tua pele.

Escreveria cartas
mais na minha cabeça
às vezes faladas em voz alta,
pressionar meus lábios
e meu hálito
tocando-te.

Deitaria ao teu lado
para mapear nossos mundos juntos,
camadas
uma em cima da outra

implorar-te
que me ames.

Com uma pedra de gelo

Estamos nós
em calmaria
por um momento de
engenhoso raciocínio e
lágrimas quentes.

Algumas manhãs acordo e só me sinto preta
como se tivesse passado a noite sonhando fogo,
cada milímetro da minha pele queimando numa chama
azul, vermelha, laranja, preta

talvez seja fácil ler em mim familiaridade
mamã, papá
e meninas e meninos pretos e castanhos
formados em escolas onde só mulheres brancas eram
nossas professoras,

formam-me com vossa familiaridade
não conhecem a menina que dormiu no chão
aquele homem aninhado ao meu lado
deixei que empurre seu polegar cascudo para dentro do
meu corpo
não fiz alarido,
foram só umas horas
um lugar para dormir
e um emprego

num seminário qualquer
uso palavras como discurso,
para me poderem ver
ler em mim familiaridade
não conhecem a menina que eles rodaram
naquela festa como um jogo,
eles riam.

Ouvem-me usar palavras como patriarcado,

embrulhem essa palavra com-p na minha língua
falem nela como um sistema, uma estrutura, relação, um
fingimento
Vocês me distanciam
de todos outros   névoa preta

Canções românticas
canções revolucionárias
canções ardentes
não são sempre as mesmas, sabes.
É preciso trabalhar duro para saber a diferença.
É preciso trabalhar duro para aprender outras coisas.
Canções românticas
canções revolucionárias

Quero canções ardentes.

protesto

dócil
desejo
batucando
gritando
corpos quebrados
cantando

bo sorte

menininhas
e mulheres tristes
dançam
lamuriam
enquanto cozinham nas cozinhas,
de prazeres densos
combinados a aulas
de amizade como violência.

menininhas
e suas tias
dançam
lamuriam
tios passam
elogiam o cozinhado
e dançam
e lamuriam.

Menininhas
aprendendo a dançar,
enquanto riem
e choram
e ficam caladas.

sobre a divisão de tarefas entre os sexos

branco fala
preto dança

peço-te deixa queimar
um pouco de sálvia
por cima
de toda esta tua trapalhada

Sobre Morte e Prazer

Ela amarrou o corpo
á volta dela
como se pudesse espremer toda a vida,
com toda a sua maciez.

Ela lhe olhou nos olhos,
como se dentro das suas profundezas
houvesse mapas de tesouro
de guerra
ou liberdade.
Para lugares onde poderiam encostar uma na outra
completamente
sem medo da morte.

Ela encostaria nela
por trás
seus braços e mãos e rosto prementes tocando nela,
sua língua premente
abre aos círculos
caminho para dentro dela

benzedor

sexy paíto
me abraças
em sítios
onde me
abro
gemendo,
parte tédio
parte gozo
toda descarada

fruteira

Quero te trepar
como uma fruteira,
equilibrando desajeitadamente
minhas partes carnais
contra tuas ancas
pressionando teus seios
contra minha boca
deixando tão pouco oxigénio
para partilharmos as duas,
quero te escalar
como minha amiga Pumla monta
a fruteira
abocanha maçãs
como nunca deixará
de apetecer
a fome visceral
dentro dela.

te vi sorrir
e imediatamente ficou patente
que eu escreveria cartas de amor,
te desejando
até ao dia da minha morte.

1. Quero te fazer feliz

2. Te amo

3. (Não fujas por causa do nº 2)

O vamos lá

sou eu
na esperança de atrair teu olhar

sou eu às vezes notando
que me notaste

mesmo no fim da festa
é às vezes o meu querer
às vezes teu

é tua mão na minha coxa

minha mão acidentalmente no teu peito
é dois hálitos apanhados num beijo,

o anda cá
é toda nossa falta de jeito

sou eu a inclinar meu pescoço para trás
é tua mão por cima da minha
é nossos dedos conectando

o anda cá
é antecipar tudo e nada

o anda cá
fractura toda minha soberania

Para a mulher que teve um filho com o amor da minha vida

Nunca aprenderei a te amar
apesar de mim
e do meu coração
e da minha saudade

amarei esse bebé
como se tivesse germinado do meu polegar,
e para o mundo para me conhecer

sorrirei no meu coração ferido
e testemunharei o encenar da tua felicidade

tentarei não ser mesquinha

crescerei

deixarei de desejar não o amar tanto assim

aprenderei a fingir
que ele não me mostrou só indiferença.

vampiros

estes tios que nos ensinam
a pensar
escrever
e respirar
á distância.
enquanto choramos pelo seu reconhecimento
anestesiadas na dor
e silêncio,
perdemos a língua
para falar
de como nos
chuparam o sangue todo.

estes tios
nos pedem para sermos racionais
enquanto nos violam.

Cara revolucionária

Meus lábios foram tecidos juntos,
bocados de esmeralda e sereia
espremidos juntos em luz r o s a, a z u l, v e r d e, r o x a
Quando os deuses imaginaram meu rosto
sopraram palavras para a minha língua
acariciaram vida nos meus pés, minha barriga, minhas
mamas,
eles cantaram tão alto que dava para todo outro deus ouvir
o meu nome,

mesmo assim pensas que vim aqui para ser tua curandeira?

Com que idade se é velha demais para continuar a deitar com maridos de dono nas conferências?

invejosa

te ver tocar a mão dele

como se tivesse crescido na tua própria barriga
e a tivesses soltado da tua boca
e beijado
como se tivesses nascido para beijar aquela mão,
me vira do avesso
como se meu corpo
pudesse nunca esquecer
como é querer a ele.

votos nupciais

Eu te amarei até ao dia que deixar de te amar
Será o tipo de amor que consome
cada parte de ti
Quando eu estiver feliz
conhecerás toda eu feliz
Inundar-te-ei de feliz
e doçura
Quando eu estiver irada
Encherei o quarto com toda minha ira
Me recuso a te dar uma vez sequer indiferença
Enquanto eu te amar
E te amarei até ao dia que deixar de te amar

Amada
me fazes sonhar
só mamilos e
dedos e molhada.

amigas de verdade sabem que ou vai ou racha
pelo menos é o que prometemos,

vê-las casarem
e defender aquele ritual de mentiras
como se esta fosse a verdadeira amizade

para as mulheres que caminham horas a fio todos dias
e todo dia
que não conhecem sentimento nenhum
de exaustão

cujos hematomas marcam momentos de colapso e ressurgir

cujas manhãs e noites estão alinhavadas
tão juntas
que seus sonhos aprenderam a escorregar pelas
rachas dessa escuridão em radiosos, breves, essencialmente
dilacerantes
lampejos

que não sabem isso de tempo ser dilacerado

cujos pés doem de manhã
quando acordam para o dia seguinte
aquele primeiro momento de fôlego
quando quebram rotina para a brevíssima consciência do
corpo,
dorzinha lombar
e picadas de lado e no peito e na barriga

levantar
alimentar outros
perder estribeiras
falar rispidez
falar gentileza
abraçar outros docemente
continuar a caminhar.

minhas amigas bebem demais
bebem pela felicidade
bebem pela tristeza
bebem pelo tédio
bebem para despertar.
todas minhas amigas bebem demais
como se vertessem dentro das partes delas onde um dia
viveu a alegria
e nós dançamos
nós rimos
nós tocamos
o tempo todo.
minhas amigas bebem demais
como se tristeza fosse o lugar
onde coragem começa.

impepho
(para Mirrie)

aprender a te amar me veio tão louco e natural como
respirar

não aceitarei amores

que não saibam o que significa

usar a sua língua.

quando olhos nos olhos

ela me deixou cair,
me deixou cair do meu desajuste social
me deixou afogar

íamos beijar
e abraçar
e estrangular, docemente

barrar nenhum sentido na nossa brincadeira

e de manhã
eu notaria todas as marcas na pele dela
encostaria meus dedos em cada uma
para ver se era real

foi assim muitos dias
amor
mordidelas
e afogamento

Me lembro do primeiro momento
que te notei
notei tua presença,
planavas
como se amasses a ideia de ninguém dar por ti.
te vi andar pela sala
consumindo-a,
visão e som
como se pudesses ser indiferente
até notares a ela
e nesse momento,
tudo se quebrou
um olhar ainda te podia fatiar
te abrir ao meio

te notei
e te amei
naquele mesmo momento,
como se pudesse apanhar teus pedaços
recolhê-los nas minhas mãos,
gatinhar para salvar os pedacinhos
usar minha língua
e minhas lágrimas
para te aninhar

apesar de intuir que devia fugir
virei-me para o amor, para te salvar
feito ave quebrada.

Toda minha vida, te amei

ave quebrada,
minha mãe era uma ave quebrada.

a mãe encontrou-a
sentada na chão

cabeça inclinada contra a sanita de porcelana

bebé morto flutuando na bacia

a mãe chamou-lhe puta.

Elas nunca mais tocaram no assunto

Hilda

I

Minha avó é
uma mulher que nunca conheci.
ela assombra.
seu corpo sentado ao meu lado de noite
mão encostada ao meu rosto no meu sono
ela traz as dádivas da água
me implora que salte para aquela piscina
ela jaz nas suas profundezas
sonha o dia que me juntarei a ela.

II

Me deste as ferramentas para voltar a montar as partes de
mim.

III

Ainda sinto o teu hálito quando sonho passar por todas as
tuas
flores

botão estupro

dói tanto
ser tocada.

Como quando ar fresco te bate
nos pulmões

e te engasgas,
sentes o peito partido

e esperas não fazer barulho.
dói tanto
ser tocada.

O Sujeito do "Eu"

Para os espíritos uivantes que cantam pelo meu espírito
e respiram pela minha barriga

abraço desesperadamente corpos e olhos sorridentes e
amáveis. Por alguma sentida coerência. Conexão que significa
que tenho um lugar. Eu não tenho lugar. Palavras e lágrimas
jorram quentes, pele húmida queima e apetece gritar. Rosto
permanece impávido mantém controlo por um momento
de esperteza me suspende no lugar onde minha voz fala,
não quebra, e no tom do grito silencioso fala unidade de
baboseira coerente incoerência.

Anseio prazer que vem com língua e pele e olhos que tocam
e amor por baixo e amor por cima macieza e aspereza e
olhos. Comigo, e outro e outro e outro; sentir a tua urgência
de possuir cada parte de mim enquanto tentas apanhar-me
nos momentos em que me sinto quieta e só quero devorar
tua cara, a tua cara toda e braços; te consumir inteiramente
por um momento suspensa nas mentiras da afirmação. Só
para acordar e recordar minhas feridas, minha incompletude,
minha incoerência.

Quero que os espíritos que cruzam minha pele quente
me recusem, não me reconheçam, me abracem forte e me
recordem do controlo do amor e do poder das minhas
feridas e que fogo nunca pode ficar parado. Não quero nunca
aceitar ou ficar parada apesar de perdoar meus momentos de
inactividade.

Quero viver outro e outro e outro

simultaneamente
infinitamente múltipla
contra a crença que eu não nunca escaparia uma-em-três.

Para feiticeira, maga, sábia

Minha amada,
que esconde coragem
onde somos mais ocasionadas
a silenciar
ou confortar
Minha amada,
que sopra gentileza
nos lugares que
outros defendem

Minha amada,
que sopra fumo
para dentro de partes de mim
onde meus antepassados sonham
que os posso encontrar

Minha amada,
parte humilde, parte orgulhosa
cujo toque envelopa
minhas partes quebradas
e me cura.

Não acho que irei deixar de escrever poemas
sobre teu rosto
e tua voz
e teu cabelo

Escreverei poemas sobre teus lábios
e a forma como abraças todo teu corpo
como se fosse o único corpo de sempre

Escreverei poemas sobre como usas as palavras
Escreverei poemas como se esperasse que notes
Escreverei poemas sobre abraçar tuas partes e teus todos
Sonharei toque entre nós.

As vezes esqueço o que significa te conhecer neste mundo;
Não sei se irei deixar de escrever poemas sobre ti.

Eu disse que a amava
ela disse "não obrigada"
ela disse que só me podia oferecer suas quebras,
não deve saber
que a amo do fundo das minhas quebras.

Cara mágoa,
magoada
magoa

vai buscar mopa,
limpa todas tuas lágrimas.

Mostra a tua, eu mostro a minha

ela me pediu docemente
para falar com ela devagar, porque
acho difícil
escolher difícil
em vez de ressentimento.

eu disse que a amava
só isso.

ela pediu outra vez,
muito docemente
para escolher difícil.

eu disse que a amava
e
que me é difícil dizer
que ela me fere com a sua indiferença.

ela falou comigo devagar,
docemente de novo, quase com amor
para escolher difícil.

parei de respirar
receando que ela me abrisse ao meio
naquele momento,
fechei a boca
e escolhi ressentimento.

botão alarme

respirar
juntos assim
me enche de poder.
respirar
juntos assim
me enche de orgulho.
respirar
juntos assim
dói.
expiramos pela
ferida,
é sensação de partir
em discurso
em pedaços
respirar
juntos assim
me enche aos pedaços.

há gente que vive em casas tão lindas
   com lindos jardins
adornados de flores,
que as aves visitarão em aprovação.
quando és convidada para essas casas
notas sua felicidade,
estampada nas fotos pelas paredes
mobílias macias
cheiros suaves.
há gente que vive em casas tão lindas
onde nunca se faz sexo.

Justiça
é mágoa
embrulhada
em papel bonito
oferecida com
sentimento barato
por amigos
que têm terrenos.

Circo

Algumas de nós cresceram no Circo.
Nossas mães nos deixavam nas avós
nos deixavam encostadas a lassos peitos,
enquanto elas aprendiam prazeres
de dança e bebida,
com nossos pais
vinham de carro para casa
bêbadas.

Nós bazávamos de casa
de umbigo e bochechas á mostra
nas meias-blusas e calçõezinhos
comprados com dinheiros roubados
e fantasias emprestadas.

No Circo,
Vimos nossas amigas pinadas contra a parede
por rapazes das nossas idades
e tios de idade.
Bazávamos do bar com esses homens
que nos tocavam mais privadamente
em bancos traseiros de carros
detrás de esquinas.

Algumas de nós cresceram no Circo.
Nós ríamos
no dia seguinte
por amizade
de quem tinha os lábios cortados por

paixão a mais
e força a mais.
Nós comiserávamos
por aquela cujo amor nunca veio.

Estou irada,
Às vezes isso me torna mesquinha.

Quero sonhar um amor tempestuoso
Que não me apanha pelas costas
pela calada com quebrada mal formada
Que não precisa quebrar meu corpo,
esse amor estranho repetitivo que aprendemos querer
significar afirmação
é reciprocidade emoldurada por retribuição.
Não.
Quero canções de amor tempestuosas
que dizem só para agora,
Porque no momento que sentisse que se quebrasse
Procuraria outra casa

elas se ajuntam como fumo
primeiro em girinhos macios
e hálito pleno de luz

elas nos apanham
e a todo nosso optimismo
então, dançamos para elas
dançamos,
como se pudesse quebrar o inchaço dos nossos pés
como se dançarmos,
pudéssemos doer menos no nosso todo
como se dançarmos,
pudéssemos encontrar bolsos para meter toda a bondade
que não encontra lugar no mundo

olhamos para o céu
trazemos sal às nossas mesas,
batemos com as mãos no chão
chamamos nossos sentidos
rezamos para cair chuva

Odiai os espertos
sem poesia
em seus corações

vida planta

eu gostava de imaginar
o tipo de vida
que me permita um momento
de notar,
de ciclos e promessas
bolsas de desejares flutuando densas no ar
recebendo promessas,
como se promessas pudessem alguma vez oferecer sem
sequer um toque

outras vezes
dou tempo
para viver
o tipo de vida
e notar,
manhãs abrindo
com o abraço de grandes ramos
beijos desabrochar de hálito
e o peso dos nossos sonhos
colapsando juntos
promessas
memórias
futuros
colapsam num caso amoroso
gravado no tronco
e debaixo das minhas unhas,
onde trepámos e gatinhámos e abraçámos
onde tocámos.

amar

requer coragem

oferece prazeres desajeitados
na espera

requer
formas
de saber

antecipa
dor

Não consigo sair de casa
sem brincos
É quase como se
flutuassem sobre
a terra toda
carregando meu corpo
como escudos para as partes-alma dentro da minha barriga
escudos contra quem
tenta espreitar para dentro de mim

Meus brincos
tempestades de granizo
blocos de gelo
se despenhando na terra
que vão quebrar
abrir para mim
para eu poder escalar para dentro dela
meu cobertor

Meus brincos
são feitos de fumo
e trovão
cantando canções românticas
canções revolucionárias
canções fogosas

Não consigo sair de casa
sem brincos

Estou de luto pela menina doce
que vive dentro de mim.
Ela senta á sombra de uma árvore
e teme a própria sombra.
Ela fugiu de mim
um dia
porque viu tudo o que tenho de feio
e culpou a si própria

Só sei escrever poemas de amor.

A PUBLICAÇÃO DESTE LIVRO FOI POSSÍVEL
GRAÇAS AO GENEROSO APOIO DE:

Carlos De Lemos

Master Power Technologies Moçambique S.U., Lda.

Abiba Abdala

Abílio Coelho

Almir Tembe

Ângela Marisa Baltazar Rodrigues Bainha

Celma Mabjaia

Celso Tamele

Eduardo Quive

Emanuel Andate

Euzébio Machambisse

Hermenegildo M. C. Gamito

Inês Ângelo Tamele Bucelate

Jéssica Brites

João Raposeiro

José dos Remédios

Julião Boane

Maria Gabriela Aragão

Pincal Motilal

Ricardo Dagot

Sónia Pandeirada Pinho

Virgília Ferrão

O SEU NOME TAMBÉM PODE CONSTAR AQUI
E NOUTROS LIVROS

SUBSCREVA OU OFEREÇA UMA SUBSCRIÇÃO
AOS SEUS AMIGOS E FAMILIARES

Além das vendas na livraria, a Editora Trinta Zero Nove conta com subscrições de pessoas como você para poder lançar as suas publicações.

Os nossos subscritores ajudam, não só a concretizar os livros fisicamente, mas também a permitir-nos abordar autores, agentes e editores, por podermos demonstrar que os nossos livros já têm leitores e fãs. E dão-nos a segurança que precisamos para publicar em linha com os nossos valores literários e de responsabilidade social.

Subscreva aos nossos pacotes de 3, 6 ou 12 livros e/ou audiolivros por ano e enviaremos os livros ao domicílio antes da publicação e venda nas livrarias.

Ao subscrever:

- receberá uma cópia da primeira edição de cada um dos livros que subscrever
- receberá um agradecimento personalizado com o seu nome impresso na última página dos livros publicados com o apoio dos subscritores
- receberá brindes diversos e convites VIP para os nossos eventos e lançamentos

Visite www.editoratrintazeronove.org ou ligue para nós pelo 870 003 009 ou envie-nos um WhatsApp para 847 003 009 para apoiar as nossas publicações ao subscrever os livros que estamos a preparar.

feeling e feio

danai mupotsa

DANAI MUPOTSA nasceu em Harare e viveu no Botswana, Estados Unidos e África do Sul onde reside actualmente. Ela descreve-se como professora e escritora. feeling e feio foi maioritariamente escrito entre 2016 e 2018, apesar de parte dos poemas terem sido escritos anteriormente ou previamente publicados de alguma forma. A antologia junta vários status e locais por onde ela passa, como filha, mãe, professora, catedrática e escritora. Destes lugares, muitos dos poemas tentam abordar sentimentos difíceis sobre o que significa 'fazer política' a partir de uma complexidade empática. "Estou irada, o que as vezes me torna mesquinha" é um exemplo. Esta antologia carrega um conjunto de pontos de vista, de vontade para pedagogia, política e optimismo. E enquanto carrega um apego a afecto irremediável ou negativo, ela fecha ao descrever a obra, ou toda a sua obra, como poemas de amor. Esta antologia é uma longa carta de amor para quem tem vontade.

Tradução de Sandra Tamele

ISBN 978-989-9022-00-3

Printed in the United States
By Bookmasters